伝道ブックス83

南無阿弥陀仏 人と生まれたことの意味をたずねていこう

楠 信生

目次

【凡例】

本文中の真宗聖典とは、東本願寺出版（真宗大谷派宗務所出版部）発行の『真宗聖典』を指します。

■はじめに

二〇二三年は、親鸞聖人《しんらんしょうにん》が御誕生されて八百五十年、浄土真宗の正意が開かれた、いわゆる立教開宗《りっきょうかいしゅう》から八百年の年になります。このことは、親鸞聖人の教えにご縁をいただいている私どもにとって、聖人の御誕生と立教開宗の意味を問い直す大切な時であります。問い直すということは、親鸞聖人との出あい方、教えとの向き合い方を確かめるということです。その上で、教えを聞く人にとって、また、教えを伝えようとする者にとって、今最も課題とすべきことを問い返して表わされた願いが、慶讃《きょうさん》テーマとして掲げられました。それが「南無阿弥陀仏　人と生まれたことの意味をたずねていこう」というテーマです。このテーマによって共に考え歩んでいくことを通して、聖人の御誕生と立教開宗を慶《よろこ》び讃えようとするものです。

ところで、親鸞聖人の御誕生と立教開宗を慶讃すると言っても、今から八百五十年前に生まれた人の誕生を祝うということには、なかなか実感が伴わないのではないでしょうか。その上、立教開宗を一つの宗派を開いたというイメージで考えるならば、それほど重要であるとは思えないということもあるかもしれません。

ただ、親鸞聖人の御誕生を慶ぶということは、聖人が顕《あきら》かにしてくださった教えとの出遇《であ》いを心の底から慶ぶということがあってのことでしょう。そして、立教開宗ということも、単に一つの宗派を開いたということにとどまるのではなく、人間にとって、さらには私にとって、真実に宗《むね》とすべきことを明らかにしてくださったという意味があるのでしょう。

■親鸞聖人の御誕生と立教開宗《りっきょうかいしゅう》

蓮如上人《れんにょしょうにん》の作と伝えられ、信仰生活の規範を示した『改悔文《がいけもん》』という文章がありますが、その中に、

御開山聖人《ごかいさんしょうにん》御出世《ごしゅっせ》の御恩《ごおん》・次第相承《しだいそうじょう》の善知識《ぜんじしき》のあさからざる御勧化《ごかんけ》の御恩《ごおん》

(真宗聖典八五三頁)

とあります。この「御出世」ということと御誕生との関係について尋ねられたことがあります。御出世も御誕生もいずれも世に出ることですから、なるほどと思うと同時に、御出世という言葉に託された願いについて確かめる必要があると感じました。

『改悔文』の中の「御出世」とは、親鸞聖人という方がこの世に誕生されたということにとどまりません。むしろ聖人が比叡山を下りて、法《ほう》然上人《ねんしょうにん》との出会いによって本願念仏の教えに遇われた、その教えを伝える人として、世に出られた。そして八百年の歴史を貫いて今もなお、私どもに教えを伝えてくださっている、そういったことから「御出世の御恩」といわれているのでありましょう。

そのような意味で、本願念仏の教えを私どもがいただくことができた、その「御恩」から、聖人の誕生の意義を見出すことができるのではないでしょうか。この私の身は、親、祖父母など、無数の縁によって生かされてきました。同じように、念仏の教えに育てられた人々によって、八百年の時を越え、現在《いま》を生きる私にまで教えが伝えられてきました。その始まりというべき尊いご縁が、親鸞聖人の御出世であり御誕生の意義であると思うのです。

仏教の伝承の中では、釈尊《しゃくそん》の成道《じょうどう》（さとり）や初転法輪《しょてんぼうりん》（最初の説法）と同様、釈尊の御誕生を大切にしてきました。それと同じように、真宗の教えを聞く者として、親鸞聖人の御誕生を慶ぶことができるのかということです。

親鸞聖人ご自身は『一念多念文意《いちねんたねんもんい》』という書の中で、

諸仏《しょぶつ》のよよに（世々）いでたまうゆえは、弥陀《みだ》の願力《がんりき》をときて、よろずの衆生をめぐみすくわんとおぼしめすを、本懐《ほんがい》とせんとしたまうがゆえに、真実之利《しんじつしり》とはもうすなり。しかればこれを、諸仏出世《しゅっせ》の直説《じきせつ》ともうすなり。（真宗聖典五四二頁）

と述べて、釈尊の御出世を尊んでおられます。つまり、釈尊の出世の意義を、どのような時代社会にあっても、あらゆる人が救われる教えを説き開いてくださったという御恩から、見出しておられるのです。

私たちは、身内で赤ちゃんが生まれた時、あるいはそのような血縁でなくても、生命の誕生には感動を覚えます。しかし、聖人の御誕生を慶ぶということは、教えに出遇い、救われたという感動なくしてはあり得ないのかもしれません。

少し話はずれますが、ある方から「親鸞聖人は自分が生まれてからのことをほとんど語っておられない。それどころか、晩年は聖徳太子《しょうとくたいし》を父と言い、母と言っておられる、それはどうしてか」と問われたことがあります。そのことで思うのは、親鸞聖人にとって、仏道における親というべき方は聖徳太子だったのではないかということです。

人は生きていく上で行き詰まった時に、親元やふるさとを思うように、仏道で行き詰まった親鸞聖人が求めた仏道の親元とでもいうべき場がどこであったのか。それは「和国《わこく》の教主聖徳皇《きょうしゅしょうとくおう》」（『正像末和讃』真宗聖典五〇八頁）と言われる聖徳太子がおわしますところであったのではないでしょうか。血縁の父母の存在なくしてこの私というものがあり得ないのと同じように、親鸞聖人は仏道を歩む上で、聖徳太子をこの上なく大切な「親」と言うべき大きな存在として仰いでおられたのでしょう。

さて、『改悔文』の「御開山聖人御出世の御恩」ということを今一度確認いたします。まず、誕生という意味での出世(世の中に生まれ出る)。そして仏道を求める、つまり世間を出るという意味での出世（世俗を出る）。さらに普遍性を明らかにするという意味での出世（時代社会を超えて、はたらくものとして世に出る）。この三通りの出世が考えられるわけですが、「御出世の御恩」ということには、これら三種の義を全うするという意味で受けとめることが、私たちの人生に向かうあり方と響き合うことになると思うのです。

そういう意味で、親鸞聖人がこの世に誕生されたという、そのことの味わいというものは、私ども一人ひとりが、親鸞聖人の教えを生活の中でどれだけ深いご縁としていただいているか、また教えをいただいた「御恩」を感じて生きているかによって変わってくるのでないかと思います。

■親鸞聖人の功績とは

教えをいただいた「御恩」から見る誕生の意義ということについては、さらに別の角度から、「真宗の開顕《かいけん》」ということで、真宗大谷派教学研究所長や九州大谷短期大学長などを歴任された蓬茨祖運《ほうしそうん》先生（一九〇八～一九八八）が次のような指摘をしておられます。

祖聖親鸞の最も大きな功績は仏教を貴族的な立場より庶民の上に開放したことである。

（『新仏教史観の開顕』〔西村爲法館〕「序論」三頁）

親鸞聖人在世のころの比叡山は、非常に力を持っていました。京都の貴族等の一部の力のある人たちとの関わりを主にして、庶民と仏法が離れたものになっていたのです。もちろん、日本に渡来した仏教はすべて大乗仏教ですから、理としてはすべての人々を平等に救うという教義です。しかし、実際には、いわゆる上層階級の人たちとの関わりを大切にする教団ということになっていました。それを「教え」の本来の意味において庶民の上に開放したことが、親鸞聖人の大きな功績であるという指摘をしておられます。

蓬茨先生は、もう一つ大切な指摘をしてくださっています。それは歴史上の事件との関係です。

念仏の教えを浄土真宗として、特に末法《まっぽう》相応の真実の教法として顕《けん》彰《しょう》しなければならないと決意せしめたについては、そこに大きな動機が考えられなければならないのである。それはこの化巻本に記す元仁《げんにん》元年の事件以外に見出すことができないのである（前掲書九頁）

ここに、末法という時代認識と元仁元年の事件ということが記されています。親鸞聖人が念仏の教えを顕かにしなければならなかったそもそもの動機は、末法という時代認識と深いかかわりがあるのです。このことは親鸞聖人の主著である『教行信証《きょうぎょうしんしょう》』（正式には『顕浄土真実教《けんじょうどしんじつきょう》行証文類《ぎょうしょうもんるい》』）の「化身土巻《けしんどのまき》」に、しかれば穢悪《えあく》・濁世《じょくせ》の群生《ぐんじょう》、末代の旨際《しさい》を知らず、僧尼《そうに》の威儀《いぎ》を毀《そし》る。今の時の道俗《どうぞく》、己《おのれ》が分《ぶん》を思量せよ。

三時教《さんじきょう》を案ずれば、如来般涅槃《にょらいはつねはん》の時代を勘《かんが》うるに、周《しゅう》の第五の主、穆王《ぼくおう》五十一年壬申《みずのえさる》に当れり。その壬申より我《わ》が元仁元年甲申《げんにんがんねんきのえさる》に至るまで、二千一百八十三歳なり。また『賢劫経《げんごうきょう》』・『仁王経《にんのうきょう》』・『涅槃《ねはん》』等の説に依るに、已《すで》にもって末法に入りて六百八十三歳なり。

（真宗聖典三五九～三六〇頁）

とあり、まず経典によって今が末法の世であるという現実を押さえられています。末法というのは、釈尊が亡くなられて後、年代を経るにつれ教法が衰え滅してしまうことを説く仏教の歴史観です。そして、その末法の時代を象徴するのが「元仁元年の事件」です。このことについては、一二二四（元仁元）年、親鸞聖人五十二歳の時、「親鸞、当年を末法に入って六八三年と『教行信証』に記す。（『教行信証』草稿本《そうこうぼん》完成説あり。）延暦寺衆徒《しゅと》の奏請《そうせい》により専修念仏《せんじゅねんぶつ》禁止される」と『真宗聖典』（一一三六頁）の年表に記されています。

この元仁元年の事件は『教行信証』「後序《ごじょ》」に記された一二〇七（承元元）年に起こった「承元《じょうげん》の法難《ほうなん》」と軌を一にする末法を象徴する事件なのです。その「後序」に竊《ひそ》かに以《おもん》みれば、聖道《しょうどう》の諸教は行証《ぎょうしょう》久しく廃《すた》れ、浄土《じょうど》の真宗は証道いま盛《さかり》なり。しかるに諸寺の釈門《しゃくもん》、教《きょう》に昏《くら》くして真仮《しんけ》の門戸《もんこ》を知らず、洛都《らくと》の儒林《じゅりん》、行《ぎょう》に迷《まど》うて邪正《じゃしょう》の道路を弁《わきま》うることなし。ここをもって興福寺《こうぶくじ》の学徒、太上天皇諱尊成《だいじょうてんのういみなたかなり》、今上諱為仁《きんじょういみなためひと》聖暦《せいれき》・承《しょう》元丁《げんひのと》の卯《う》の歳《とし》、仲春上旬《ちゅうしゅんしょうしゅん》の候《こう》に奏達《そうたっ》す。主上臣下《しゅしょうしんか》、法に背《そむ》き義に違《い》し、忿《いかり》を成し怨《うらみ》を結ぶ。

これに因《よ》って、真宗興隆《こうりゅう》の大祖源空法師《たいそげんくうほっし》、ならびに門徒数輩《もんとすはい》、罪科《ざいか》を考えず、猥《みだ》りがわしく死罪に坐《つみ》す。あるいは僧儀《そうぎ》を改めて姓名《しょうみょう》を賜《たも》うて、遠流《おんる》に処《しょ》す。予《よ》はその一なり。

（真宗聖典三九八頁）

と、当時、諸寺で修行する僧侶や京都の儒学者に対して「法に背き義に違」すという厳しい言葉によって、その事件のことが記されています。先ほども申しましたように、親鸞聖人はご自身の生活に関することは『教行信証』の中でまったくふれていないにもかかわらず、この「元仁元年」(専修念仏の禁止という事件が背景にある)の記述と「後序」においては具体的な年月や事件についてお述べになっておられる。このことが、蓬茨先生が「元仁元年の事件以外に見出すことができない」と言っておられる内容であるのです。

そういう意味で、もとの言葉に戻って、宗祖の功績ということで言いますと、当時の聖道の諸教といわれる僧侶や学者たちは、高邁《こうまい》な理念で仏語を語るにもかかわらず、実際には民衆の生活を顧《かえり》みていないような在り方をしていた。具体的には、末法の世にあって人々に本願念仏の教えを広めていた師、法然上人の教団を破壊しているという現実があったわけです。そこに、その事件を大きな契機として、仏教を庶民の上に開放してくださった。そのことが、親鸞聖人のご功績であり、私どもにとっての御恩である。だからこそ「御出世の御恩」ということになるのです。

殊にもう一つ、末法の世に出られた聖人の功績として考えられるのが、「真仏弟子《しんぶつでし》」という人間像ではないかと思います。現代という時代は人間とは何かということが分からなくなっている時代だと言われますが、「立教開宗」の今日的意義として、この末法の世に「真仏弟子」という

人間像を示してくださったということがあるのです。その真仏弟子について は、『教行信証』「信巻《しんのまき》」に、

「真仏弟子《しんぶつでし》」と言うは、「真」の言《ごん》は偽《ぎ》に対し、仮《け》に対するなり。「弟子」とは釈迦《しゃか》・諸仏の弟子なり、金剛心《こんごうしん》の行人《ぎょうにん》なり。この信・行に由《よ》って、必ず大涅槃《だいねはん》を超証《ちょうしょう》すべきがゆえに、「真仏弟子」と曰《い》う。

（真宗聖典二四五頁）

と、記されています。この真仏弟子について解釈されている箇所に、教（教え）・行（実践）・信（信心）・証（証《あかし》）という仏道が収まっているのです。

「釈迦・諸仏の」というところで教、そして、「金剛心の行人なり」というところで行、「この信・行に由って」が信、そして「大涅槃を超証す」の証と、「教行信証」をこの言葉に収めて、末法の世に私たちはどのような在り方をすべきか、真仏弟子という人間像を示してくださっているのです。

現代という時代は、いろいろな意味で厳しい時代でありますけれども、しかし、親鸞聖人が庶民の上に仏教を開放してくださったところの真実の法は、今、生きてはたらいているということを、私ども一人ひとりが証していかなければならないと思います。

■誕生を慶ぶということ

ここであらためて考えたいのは、「誕生」ということです。先ほど一人ひとりの生命の誕生を寿《ことほ》ぐ、慶ぶということがあると申しましたけれども、ちょっと気になりますのが、誕生ということに関係して、私どものすでにある生について、「かけ替えのないいのち」という言い方を耳にすることです。その言葉自体は重要なことを言っているわけですが、問題は、そのことをどこに立って言えるのかということです。

事実、どのような存在も縁によって存在しているという意味で、代わるものがない、かけ替えのない存在です。入れ替えたり、取り換えたりできません。ですから、そのような身であるという意味では、本来、あらゆる存在は、かけ替えのない存在なのです。ところが「かけ替えのないいのち」という時には、多くの場合、単に「大切な」というようなことで使われているかと思うのです。そのような情を根拠に大切ないのちとしていることが、どのような結果を引き起こしているのかを、親鸞聖人は『高僧和讃』という歌の中で、

恩愛《おんない》はなはだたちがたく
生死《しょうじ》はなはだつきがたし
念仏三昧《ねんぶつさんまい》行じてぞ
罪障《ざいしょう》を滅《めっ》し度脱《どだつ》せし

（真宗聖典四九〇頁）

と詠《うた》われています。人の情愛は、甚《はなは》だ断ちがたく、そのことによって生死の迷いが尽きがたいと教えられています。

私たちは、自身の情愛の中でしか「いのち」を見ることができません。自分の情愛をもとに無意識に大切ないのちと見ることが、実は、大切な「いのち」とそうでない「いのち」というように、いのちの選別に直結しているわけです。親鸞聖人は、そのような、流され縛られているものの反省に立って、自らそのことの克服のために修行したけれども「恩愛はなはだたちがた」いと述べておられるのです。大切な人があり、自分自身も大切な身である。ただそれは裏返しにすると執着の問題ともかかわってくるわけです。

情愛や執着による選別を離れることができない我が身において、平等に「かけ替えのないいのち」ということが、どのように開かれてくるのか。そこに、私どもが存在を、「かけ替えのない」と、当たり前のように言っていますが、本当に「かけ替えのないいのち」と平等な眼をもって言い切ることができるのは、「念仏三昧行じてぞ　罪障を滅し度脱せし」ということにおいて初めてであると、聖人は念仏を勧めておられるのです。

言いかえると、念仏三昧行ずる、つまり念仏の信においてはじめて、恩愛の情を超えて因縁の存在そのものの「かけ替えのなさ」に頷きながら関係を受けとめ、報恩に生きる心が起こるのでしょう。念仏の信ということを抜きに、「かけ替えのないいのち」ということを言い続けたならば、結局それは、愛着や愛執とが混在したままに見過ごしていることになるのです。

そういう意味で、誕生ということを、本当にどこで慶ぶことができるのかということを確かめることが大切なのだと思います。

また親鸞聖人は、『浄土和讃』で

十方諸有《じっぽうしょう》の衆生は
阿弥陀至徳《あみだしとく》の御名《みな》をきき
真実信心いたりなば
おおきに所聞《しょもん》を慶喜《きょうき》せん

（真宗聖典四八一頁）

と詠《うた》っておられます。「すべての衆生は、阿弥陀仏のこの上ない功徳の名号を聞いて、真実の信心が開かれる時がくるならば、聞き得たことを慶ぶことであろう」と詠《よ》まれました。

「所聞を慶喜」するという時の「聞」は「信」と同じ意味であり、慶喜は信心とともにある喜びです。「よろこび」ということを考えると、私たちにはいろいろな喜びがあります。糠《ぬか》喜びという言葉、人間万事塞《さい》翁《おう》が馬という言葉もあります。いろいろな喜びの中で、この感動、この出遇いがあったからこそ悔いはないという、人生を貫く深くしずかな喜びこそが大切なのではないでしょうか。それこそが親鸞聖人が求められたことであり、正しい信念を得ることこそが、その喜びであるのです。

親鸞聖人が求めておられた喜びは、信心の「よろこび」です。「正信偈」に「能発一念喜愛心（よく一念喜愛の心を発《ほっ》すれば）」とありますが、この句について親鸞聖人自ら

能はよくという、発はおこすという、ひらくという。一念喜愛心は、一念慶喜《いちねんきょうき》の真実信心よくひらけ、かならず本願の実報土にうまるとしるべし。慶喜《きょうき》というは、信をえてのちよろこぶこころをいうなり。

（『尊号真像銘文』真宗聖典五三一頁）

と、真のよろこびは、信を得ることであると、そのお心を記しておられ

ます。そしてその信心は如来より賜った信心であり、生と死に惑わない、浄土への生活が始まることを、次の文に述べられます。

慶喜《きょうき》ともうしそうろうことは、他力《たりき》の信心《しんじん》をえて、往生《おうじょう》を一定《いちじょう》してんずと、よろこぶこころをもうすなり。

（『御消息集（広本）』真宗聖典五七〇頁）

信心を得た喜びが、なぜそれほどまでに深いのかということについて、親鸞聖人は語られます。

信心をえたる人はかならず正定聚《しょうじょうじゅ》のくらいに住するがゆえに、等《とう》正覚《しょうがく》のくらいともうすなり。（『御消息集（善性本）』真宗聖典五九一頁）

正定聚とは、まさしく仏となることに定まったものということです。等正覚とは、他力の信心を獲た人はかならず浄土に生まれて仏になることが定まるから、仏と等しい最高位の菩薩と見なされることを言うのです。

このことを『大無量寿経』の文の上で言いますと、

それ衆生ありてかの国に生《しょう》ずれば、みなことごとく正定《しょうじょう》の聚《じゅ》に住す。

（真宗聖典四四頁）

「それ衆生ありてかの国に生ずれば」、衆生が念仏申して弥陀の本願を信じて生きる身となるならば、「みなことごとく正定聚に住す」、みな漏れるものなく、まさしく仏となる位に定まることから、あらゆるいのちをかけ替えのない存在と見る眼を賜るのです。みな、仏になる身に定まる、自他ともに救われていく世界こそ、願うべきと教えられているのです。

■なぜ「南無阿弥陀仏」なのか

さて、「南無阿弥陀仏　人と生まれたことの意味をたずねていこう」という慶讃テーマに、「南無阿弥陀仏」と名号が入っていますが、本来、名号はテーマとして伝承されてきた言葉ではありません。私たちの本当の依りどころ（本尊《ほんぞん》）として、また如来が私たちを救わんとして選び取り、はたらきかけてくださる行（如来回向の行）として伝承されてきた言葉です。

あえて「南無阿弥陀仏」という言葉がこのテーマに入れられた理由は、真宗門徒であろうとする者にとって「南無阿弥陀仏のいわれを聞くこと」と「念仏申すこと」は大切な課題であり、そして、念仏を抜きに真宗が考えられ、語られることへの危機感があるからだと思います。

このたびのテーマを決める会議で、委員をしてくださったご門徒の「このテーマは誰に向けて、誰に聞いてほしいのか。それは僧侶のみなさんでもあるし、真宗門徒のみなさんである」という言葉が非常に印象に残りました。普通は、テーマというと、真宗門徒に限定するのは狭いのではないか、もっとどんな人にも誰にでも響くような、そういう言葉を考えるべきではないのか、というのが風潮だと思います。ところが、その方の口から「誰に聞いてほしいかというと、僧侶のみなさんと門徒さんです。つまり真宗門徒すべての人に聞いてほしい」という言葉が出てきたことに驚きました。私自身僧侶として念仏がまことであることをどれだけ聞き伝えてきたのか、反省すべきことがあると思いました。

そして「「南無阿弥陀仏」を正面に出して、これを真宗門徒のこころに刻んでほしい」という言い方をされました。ですからやはり、真宗を名告《なの》る宗門において、受け止めの浅い深いはあったとしても、南無阿弥陀仏を離れてどれだけ宗教的なことを語ったとしても、やはり肝心なところが抜け落ちていることになるのではないか。そういう意味で、「南無阿弥陀仏」から始めてほしいという願いを感じます。

本尊ということにつきましても、「尊《とうと》い」という言葉自体が現代の生活の中から消えているということがあるのではないかと思います。あらゆる事柄について、高い・安い、できる・できないなどのような価値観だけが横行していて、「尊い」という感覚そのものが、生活から失われているようにも思います。やはり、世相が、そうした感覚から遠のいて本当の豊かさということを見失っているのではないでしょうか。

■念仏に縁をいただいた者の使命

私が今勤めさせていただいている教学研究所の所員の方から、当時は産経新聞社の記者であった福田定一《ていいち》さん、後の司馬遼太郎さんが、昔書いた記事を見せていただきました。古い記事ではありますが、真宗教団への願いを背景としながら厳しく的確に指摘されている内容ですので紹介させていただきます。これは、真宗門徒が、念仏を抜きにいろいろな課題に対峙することの問題性について、一九五一（昭和二十六）年四月の『真宗』誌に掲載されたものです。

宗門にいま一番欠けているのは僧侶自身の「信仰」ではないでしょうか。

宗教者としてのシンが弱い、という感じ。勇を鼓《こ》して申しあげると「御信心《ごしんじん》」が足りないんじゃないかと感ずることが多いのです。

「宗門がどうか本物の宗門になってほしい」という世間の切なる願望もひそんでおるのではないでしょうか。

今では「教団の信心の炬火《きょか》を熾《さか》んにせよ」としかいえなくなりました。問題はこれに始まってこれに終るのではないでしょうか。

「真宗を含めて仏教は教学的にも組織的にも意識の上からも十六世紀以降全く停頓《ていとん》している。この死物《しぶつ》化し怪物化した古めかしい外装をもってどうして〝近代〟に対処して行けるか」とか「世襲制のジャングルにマサカリを入れよ」「売官《ばいかん》的制度をほうむれ」「宗会制に検討を加えよ」などと身をふるわしてカンカンガクガクの意見をのべられるのです。ところがこの人達がお国の御自坊《ごじぼう》に帰ればどうでしょう。――「御院さん」なんですね。

「宗門興隆ノ方途ヤ如何」などというムツかしいことは聞きあきました。宗門百年の大計は一にも二にも人。

「この有難《ありがた》い法を一人でも多くの人と聞きあう悦《よろこ》びをもちたい」という純粋さを出発点としてのみ世間はこちらを向くでしょう。

（福田定一「記者の目から見た宗門」『真宗』一九五一年四月号）

と、記されています。また五十年前の一九六九（昭和四十四）年十一月に「真宗教団の電池はきれている」という題で寄せられた、すでに作家として活動しておられる司馬遼太郎さんの文章では、基本的には、真宗教団はすでに亡《ほろ》びたのも同然という認識がなければならないと思いますよ。すでに電池がきれているのですよ。機構改革といったようなことは枝葉末節《しようまっせつ》のことです。それはちょうど電池がきれているのに、その部品をいじくっているようなものです。

私はやはり、お念仏、信仰が第一義であってほしい。信仰の灯《ともしび》、それこそ教団のバイタリティです。

（司馬遼太郎「真宗教団の電池はきれている」『真宗』一九六九年十一月号）

と述べておられます。「宗教者としてシンが弱い、という感じ。勇を鼓して申しあげると「御信心」が足りないんじゃないか」とか、「真宗教団の電池はきれている」といった、非常に辛辣な表現をしておられますけれども、ただ、「お念仏、信仰が第一義であってほしい。信仰の灯、それこそ教団のバイタリティです」ということで、愛情をもってこの厳しい言葉を投げかけてくださっているということを思います。

一九五一年の文章が書かれたのは、第二次世界大戦後間もない時であり、朝鮮戦争の最中です。戦中は寺院も戦争協力をしました。敗戦の傷もまだ癒えない時、朝鮮戦争が起きたのです。新聞記者であった司馬さんの胸に、東本願寺を見ながら何が去来したかはわかりません。多くの日本国民にとって、戦前戦中の価値観がまったく意味を失い、日々の食べるものにも事欠く生活の中で、生きることに懸命であったのは、宗教者も例外ではありませんでした。そうした状況の中で「宗教者としてシンが弱い」、「御信心がたりない」と言われたのです。今だったら何と言われるのでしょう。いろいろな批判の言葉が思い浮かびます。

今、最重要の課題は、念仏が第一義の教団・寺院であるということ、信仰の灯を世にかざすことであることは、司馬氏ご指摘の通り、念仏の教えにご縁をいただいた者の使命であります。

■「南無阿弥陀仏」によって成就する歩み

五十年前の宗祖親鸞聖人御誕生八百年・立教開宗七百五十年慶讃法要では「生まれた意義と生きる喜びを見つけよう」という言葉が見出されました。この言葉の意味するところは、人間の普遍的課題であり願いです。このたびの慶讃テーマでは、この言葉から一歩踏み込んで、と言いますか、親鸞聖人の立教開宗の精神を今の現実にしたいという願いをもって、生みだされたものであると受け止めています。そこで「南無阿弥陀仏」という仏の呼びかけと願いを、一人ひとりの上に明らかにするということです。そして、「南無阿弥陀仏」のもとでこそ「人と生まれたことの意味をたずねていこう」という歩みの成就があるということです。

ここで「南無阿弥陀仏のもとで」ということですが、テーマを決める時の会議で、「南無阿弥陀仏」と「人と生まれたことの意味をたずねていこう」との間に、句読点《くとうてん》を入れるか入れないかということが話題になりました。結果は入れないということになりました。理由は、別々のことではないからです。つまり「南無阿弥陀仏」と「人と生まれたことの意味をたずねていこう」は、不離の関係であると確認されたわけです。それは「南無阿弥陀仏」から始まる「人と生まれたことの意味をたずねていこう」であり、「人と生まれたことの意味をたずねていこう」は「南無阿弥陀仏」の道の上にあるということです。

「南無阿弥陀仏」のもとでこそ「人と生まれたことの意味をたずねていこう」という歩みの成就があるということを申しました。どうしてそのようなことを言えるのかです。南無阿弥陀仏は、今生においては到底悟りの境地に至ることはできない凡夫を救うため、この上ない教えとして建てられました。

そこで、凡夫を救うとか、凡夫が救われるとは、どういうことかです。凡夫は、周りの状況の変化の中で一喜一憂し、自心を自らの力でコントロールして精神生活を営むということができない存在です。そのような凡夫が救われるということは、どういう意味なのかです。凡夫は凡夫のままでは救われません。しかも、凡夫は聖者になれません。

親鸞聖人も比叡山で悩まれました。もちろん比叡山時代の親鸞聖人は、出家という形を守って道を求められた方です。凡夫であることを超克されようと二十年の歳月を比叡の山で過ごされました。そして行き詰まらざるを得ませんでした。比叡山で行とされていた求道のあり方そのものに問題があったのではないのか、ということです。悩みぬいた末、凡夫が凡夫のままに、ただ本願力回向の信心を獲得《ぎゃくとく》することによって往生成仏する、仏の側から開かれた道がある、そのことを法然上人との出会いによって知ることができたのです。本願力回向の信心を獲得すること、つまり本願の船に乗ることが救いであることを、親鸞聖人は『浄土文類《じょうどもんるい》聚鈔《じゅしょう》』という書の中で明確に語っておられます。

いま庶《ねが》わくは道俗等、大悲の願船は清浄信心《しょうじょうしんじん》をして順風とす、無《む》明《みょう》の闇夜《あんや》には功徳の宝珠《ほうじゅ》をして大炬《だいこ》とす。心昏《しんくら》くして識寡《しきすく》なきものは、敬《つつし》んでこの道《どう》を勉《つと》めよ。

（真宗聖典四〇九頁）

功徳の宝珠、つまり念仏こそが闇夜のような人生における如来から賜った灯火《ともしび》であるのです。

この救いが、現代に開かれることを願って「南無阿弥陀仏　人と生まれたことの意味をたずねていこう」というテーマとなったと私はいただくのです。そして「たずねていこう」との意欲にいたるまで、仏によって誓われているところに仏道成就という意義があるのです。

仏道成就ということは、南無阿弥陀仏の功徳によって、この凡夫の身においてすみやかに証（往生）を得しむるということです。成就というのも、私たちの努力の結果として成しとげられる性質のことではありません。念仏申す信心が獲得されるところに、仏の願いが成しとげられるという成就なのです。『大無量寿経』の第十八願の成就文を親鸞聖人は、『教行信証』「信巻」で次のように読んでおられます。

本願成就の文《もん》、『経』（大経）に言《のたま》わく、諸有衆生《あらゆるしゅじょう》、その名号を聞きて、信心歓喜《かんぎ》せんこと、乃至《ないし》一念せん。至心に回向せしめたまえり。かの国《くに》に生まれんと願ずれば、すなわち往生を得《え》、不退転に住せん。

ただ五逆と誹謗正法《ひほうしょうぼう》とをば除く、と。

（真宗聖典二一二頁）

念仏申して浄土に生まれようという心が起こったならば、即時に往生を得て、ふたたび迷いに戻らない道が仏によって成就されている（回向せしめたまえり）のです。

そして、このことが私たちにとって、この上ない利益であることを『大無量寿経』に

それ、かの仏の名号を聞くことを得て、歓喜踊躍《かんぎゆやく》して乃至一念《ないしいちねん》することあらん。当《まさ》に知るべし、この人は大利《だいり》を得《う》とす。すなわちこれ

無上の功徳《くどく》を具足《ぐそく》するなり。

（真宗聖典八六頁）

と説かれます、この「大利」です。人と生まれたことの意味をたずねていくことが、いのちの終えるまで続く歩みとなって成就するのは、名号（南無阿弥陀仏）を聞き得たことにおいて成り立つということなのです。

このことは『教行信証』「行巻《ぎょうのまき》」に引用されている龍樹菩薩《りゅうじゅぼさつ》の「易行《いぎょう》品《ぼん》」の中では、

それ名《みな》を聞くことある者は、すなわち不退転《ふたいてん》を得《う》と。

（真宗聖典一六五頁）

と説かれています。仏の名を聞くことができた人は、仏道を生きて退《しりぞ》くことがない。この「不退転」という、信を獲得して仏となるべき身と定まった位を決定しているのは、信心の智慧なのです。信心の智慧ということは、他力の信心にして初めて言えることなのです。自力の信では言えないことです。なぜなら自力の信の「自」は迷っている人間そのものです。ですから、自力の信は自分の思い描いたことを固く握りしめている性質のものです。他力の信はむしろ人間が固執している観念を根底から見ぬいていくものです。したがって、他力とは仏の智慧そのものです。そして得られた智慧は失われることがないので、当然、迷いに退くことはありません。日常の中で「不退転の決意で」などと言うのは、仏教語を借りて表現したものでありましょう。けれども、本来の意味で言うならば、不退転というのは、信心の智慧に因《よ》るおのずからなるものであって、決意するような性質のものではないのです。

■「人」と生まれたことの意味

次に、親鸞聖人は、「人」というものをどのように見ておられるのであろうかということです。人は、どのような状況にあっても、空過《くうか》を感ずるものであり、空《むな》しさから逃れることはできない存在である。そのことを通して、本願にふれ、本願に帰すべき存在である。「生死出《しょうじい》ずべきみち」(『恵信尼消息』真宗聖典六一六頁)を願うべき存在を「人」というのである、と親鸞聖人は受け止めておられたのではないかと思うのです。

この「空過」ということについて、基本的には、自力による修行、修善によって成仏という目的を成しとげることはできない、つまり徒労《とろう》に終わるということです。一生懸命やったにもかかわらず思い通りにいかない、報われず空しい結果に終わるということです。

もう一つ、思い通りになっているように見えても感じる空しさがあります。

釈尊の伝記で説かれているところによりますと、釈迦族の王子（ゴータマ・シッダールタ）の時代のことです。ゴータマは生まれて間もなく母を亡くしていたため、時折寂しそうに物思いに耽《ふけ》ることがありました。

それを心配した父である王が、そのことを解消するためにいろいろ興味がわくような催し物を考案したわけです。父親の王にしてみれば、いろいろな手立てをして、わが子が悦びを得て、空しさや寂しさを感じないようにしたのですが、ゴータマはそれによって全く満足を得ることができなかった。そのようなことが背景の一つにあって、出家への道を踏み出すわけです。つまり、他者から考えられた思いどおりということでは、空虚な心を埋めることはできないのです。

先に述べたように、空過ということは、道を求めて努力しても努力そのものが徒労に終わることを言います。しかし、私どものわがままな思いで何かを願って、それが思い通りになったにもかかわらず空しいと感じる時、それはやはり自分自身の中で、何かが違っているということを感じさせているものがあるということでしょう。つまり、〝ことの本質が違っている〟ということを、自分が自分の思いを超えて空しさを感じさせている、と見ることができるのではないでしょうか。

ですから、そうした空しさを超えていくことを根源的に欲している存在を「人」と言い、そうすべき課題を背負ったものが人間という存在であるというのではないでしょうか。

親鸞聖人が『唯信鈔《ゆいしんしょう》』（聖覚法印が一二二一年に著された）の書写をされていますが、その中で「人間」（真宗聖典九一六頁）という言葉の横に「ひととむ（生）まるるをいふ」とわざわざ左訓《さくん》（文字や語句の意味を解き明かす注記）をしておられます。「ひと」として生まれたものは「人間」という在り方をするのだということでしょう。人を単独で見るだけではなく、人と人との関係性、関係（間《あいだ》）を生きる存在として人を見るということを、その「人間」という言葉に記しているのです。これが親鸞聖人の「ひと」についての受け止めであろうと思います。

そしてまた、経典などで人を表す「衆生《しゅじょう》」の新訳は「有情《うじょう》」と訳されていますが、この有情というのは「情識を有するもの」ということです。情識というのは心。ですから、有情というのは心を有するもの。それでこの場合、人間の心というのは迷っているという意味で、心を有するものということは、迷うものということです。ただ、迷いというのは悟りに対して言われるものですから、迷っていないものは悟ることもできません。そういう意味で、有情とは悟りと関係して呼ばれる存在でもあります。

今日、楽が多くて苦の少ない人生には意味があり、苦が多く楽の少ない人生には生まれた甲斐がないという考えが支配的です。そこに見られるのは、懸命に生きながらも不安・孤独を感じて生きているという現実です。不安・孤独を感じているところに、人間の根本的課題を問うていく場があるのです。だからこそ、展開され続けることが人間に願われているのです。親鸞聖人は「聞思《もんし》して遅慮《ちりょ》することなかれ」（『教行信証』総序 真宗聖典一五〇頁）と言われます。聖人のこの言葉には、名号を聞いて信心歓喜するという宗教経験が願われているのですが、「たずねていこう」ということによって、その意を受け止めつつ「共に念仏者たらん」という意志を表しているのです。

■転ぜられることからの始まり

慶讃テーマを決める会議の中で、「人と生まれたことの意味をたずねていこう」という言葉に、「こと」を入れる、入れないという話もありましたが、入れるということで確認されました。「こと」というのは、本尊のことを、「尊いもの」ではなくて、「尊いこと」であるというふうに話をされますが、「こと」というのは事柄。生まれたことを事柄として見るということは、南無阿弥陀仏の法と出遇うことによって人生の在り方が迷いの生から悟りに向かう生へと転ぜられるということを考えておられるのだと思うのです。

人という存在を人物《にんもつ》と、「もの」と言って見ることもありますが、それは物質ではないということです。物質ではなくて、人間という存在を「こと」として見ることによって、関係性を生きる中で教えによって、出遇いによって、転ぜられるものであるという。そういうことが、「こと」を入れられた気持ちと、私は受け止めさせていただいています。

空過を生きている世界に「観仏本願力《かんぶつほんがんりき》　遇無空過者《ぐむくかしゃ》（仏の本願力を観ずるに、遇《もうお》うて空しく過ぐる者なし）」（『浄土論《じょうどろん》』真宗聖典一三七頁）の世界を開く。このことが『一念多念文意』では、「信心あらんひと、むなしく生死《しょうじ》にとどまることなしとなり」（真宗聖典五四四頁）と説かれています。さきほど空過ということをお話ししましたが、信心がある人は「空しく生死にとどまることなし」ですから、そうでなければ、努力をしても生死にとどまり続けることとなり、「空しく」ということになるのです。

この開かれ転ぜられるというところに、「立教開宗」ということをいただくことができると思います。教えを聞いて、聞いた自分自身が転ぜられることがなかったならば、どれほど「親鸞聖人が立教開宗された」と語っても、何の力にもなりませんし、聞く側にとっても納得がいかないのでしょう。先ほどの福田定一（司馬遼太郎）さんの言葉に「『この有難い法を一人でも多くの人と聞きあう悦びをもちたい」という純粋さを出発点としてのみ世間はこちらを向くでしょう」とありましたが、「有難い法を一人でも多くの人に伝えたい」などと言わないで、「聞きあう悦び」という言い方をしておられることに教えられます。

転ぜられるということについて、浄土真宗では、善人から悪人に転ぜられると教えられますが、そのことを確かめたいと思います。

そのことに関係して思い出されるのが、ある時の法事の席のことです。勤行が終わって法話のために振り替えると、五歳くらいの男の子と、八歳くらいのお姉ちゃんがご両親に挟まれるように座っていました。それで「二人がいて、ケーキが一個だけあったらどうする」と聞きました。

そうすると、男の子が、「僕一人で食べる。一人で食べたほうがおいしいもん」と言うのです。すると今度はお姉ちゃんが、恥ずかしそうに、「分けて食べる。分けて食べたほうがおいしい」と言いました。それで、この話を別のお宅の法事の席で、姉弟であってもずいぶんと違うものですねと、それぞれの心がどういう世界を作るかは言うまでもないですね、ということで紹介をしました。

また違うご門徒の法事の法話で、このことを話させていただきました。その時は「大事なことは、誰にもやらないで、一人で食べたほうがおいしいという人が、どうしたら救われるのかということですよね」ということを話しました。そうすると「その大事な点に自分は気がつかなかった」と話してくださった方がおられました。

私たちは、その女の子は救われるような人間で、男の子のような心で生きていると救われないと、このように決め込んでいるのではないでしょうか。その時、自分自身は善人として人を裁く立場で見ているのでしょう。大切なことは、その男の子が救われるというのはどういうことだろうかと、親鸞聖人は自らをそこにおいて、尋ねられたのでしょう。また言うまでもなく、人と分かち合うことに喜びを感じているそのやさしい女の子のようになれば、安らかに生きていけるということでもないのです。なぜなら、人のことを思いやる心が強ければ強いほど、悩むことも多くなるからです。その意味でも、救いと悩みのあるなしとは、別のことであるということです。

転ぜられるというと、何かしらよい方に向かってと思いますが、悪人であることの自覚に帰ってこそ、始まりがあるのです。ただ南無阿弥陀仏であるという頷《うなづ》きが、人に力を与えるのです。真宗の教えとして悪人《あくにん》正機《しょうき》に頷きながら、自らは善人と評価されることに心惹かれている、それこそ「善悪《ぜんまく》の字しりがおは　おおそらごとのかたちなり」（真宗聖典五一一頁）と言われるものでしょう。そのような自身を恥じ、「共に」という世界を開くのが南無阿弥陀仏であります。

■立教開宗の意義

最後に、慶讃テーマにある「人と生まれたことの意味」の「意味」ということから立教開宗の意義を考えていければと思います。

「意味」という言葉が使われていることに対して、仏教ではむしろ意味を超えることを大切にしているのではないかという見方があるかもしれません。しかし、ここで意味と言っているのは、「人と生まれたことの意味」を私たちがつけるのではなく、教えを聞いて見出すものであるということでありましょう。

五十年前に出された言葉は「生まれた意義と生きる喜びを見つけよう」でした。この度は「生まれた意味」です。「意義」も「意味」も同じようなことと辞書には出ていますが、「意義」の義は正しい道とか道理という価値観がつよく表れる言葉ですし、「意味」の方は味わいのニュアンスがあるのではないでしょうか。

現代は意味というと「意味付け」ということを連想してしまうのでしょうか。そうだとすると、何事に対しても人間の功利的な考えで価値づけする傾向性として問題ではあります。しかし、意味と言っても決してそうしたものばかりではありません。現実生活の中でその現実を引き受けていく、意味を見出すということもあるのではないでしょうか。

朝起きて顔を洗ってという、そういう日頃の生活は変わらなくても、そこに意味を見出していくという転換が大切であります。単純な繰り返しの日常に何の意味があるのだろうかということから始まっても、実はそこに意味がある。一つひとつのこと、できることにも、できないことにも意味を見出す。出来ることだけに意味があるのではなく、できないから意味がないのでもない。どちらであっても自分の事実として意味を見出していける。「南無阿弥陀仏」によって「意味」の転換がなされる時、人生には何一つ無駄なことはないと頷かされる。無駄なことはないというのは、人間の理由づけによって「無駄はない」というのではありません。ただ「南無阿弥陀仏」のまことなることを信知する道において無駄はないということなのです。そのような生活の感覚を親鸞聖人の立教開宗で明らかにされたのです。その感覚がこの身に事実として起こった、そのことを「現生正定聚《げんしょうしょうじょうじゅ》」というのでありましょう。

■おわりに

人は誰でも深い悲しみや悩みに沈む時、「私はなぜ生まれてきたのだろう」とか「なぜ生きなければならないのであろう」と考えます。このテーマでは、この世界のあらゆる人々が、国を超え民俗を超えて、共に等しく生まれたことの意味を尋ね、存在の平等を見出し、本願の真実を証ししていくことが願われているのです。そのことを『大無量寿経』では

たとい世界に満《み》てらん火をも、　必ず過ぎて要《もと》めて法を聞かば、

会《かなら》ず当《まさ》に仏道を成《じょう》ずべし、広く生死の流《ながれ》を度《ど》せん。（真宗聖典五一頁）

と説かれています。押しつぶされるような苦難を生きる凡夫も、本願の教えを聞き続けるならば、本願にまことを見出して、迷いの人生を浄土に向かって悔いなく生ききることが出来るのです。

善導大師《ぜんどうだいし》は、『往生礼讃《おうじょうらいさん》』で、

当《まさ》に知るべし、本誓重願虚《ほんぜいじゅうがんむな》しからず、衆生《しゅうじょう》称念《しょうねん》すれば必ず往生《おうじょう》を得《う》、と。

（『教行信証』「行巻」真宗聖典一七五頁）

と述べておられます。如来の本願は、苦悩の衆生を救うため衆生のさまざまな相《すがた》を仏の智慧と慈悲の心をもって見つめ続けて建てられたものです。だからこそ、そこに語られる言葉は、まことであって決して虚なるものではありません。そして、如来の願そのものが言葉となったのが南無阿弥陀仏の名号であります。その名を称える者は、かならず往生するのです。それは、如来が誓われるままを如実に聞いて生きる人となるからなのです。

このような経釈によって示されるように、「南無阿弥陀仏」のもと、人と生まれたことの意味をたずねていくことが、とりもなおさず、念仏に出遇い、念仏に育てられ、念仏のいのちに帰っていく人生となるのです。

あとがき

本書は、二〇一九年八月に真宗大谷派（東本願寺）宗務所にて開かれた「宗務所同朋の会」において、教学研究所長である楠信生氏が「慶讃《きょうさん》法要に向けて、改めて宗祖としての親鸞聖人に出遇う」というテーマのもとお話しされた内容に加筆・修正をいただき発行したものです。

真宗大谷派では、二〇二三年に「宗祖親鸞聖人御誕生八百五十年・立教開宗《りっきょうかいしゅう》八百年慶讃法要」をお迎えいたします。現代から遠く時を隔てた宗祖の御誕生や立教開宗を、私たちが慶《よろこ》び讃えるとはどのようなことなのか。本書では、この問いを念頭に置き、慶讃テーマ「南無阿弥陀仏　人と生まれたことの意味をたずねていこう」に込められた願いを丁寧に紐解きながら尋ねておられます。

親鸞聖人の「御誕生」とは、一人の人としてこの世に生を受けられた歴史的な事柄にとどまるものではなく、聖徳太子や法然上人との出遇いを通して世に出られた、つまり念仏者親鸞の誕生として受け止めることができます。それは、聖人がお念仏の教えを顕かにされ、全人類に真《まこと》の宗《むね》として公開された「立教開宗」と相即不離の関係にあるのでしょう。楠氏はその関係を踏まえた上で、現代を生きる私たちが、宗祖の御誕生・立教開宗を慶び讃えることは、「私ども一人ひとりが、親鸞聖人の教えを生活の中でどれだけ深いご縁としていただけているのか、また教えをいただいた「御恩」を感じて生きているかによって変わってくるのではないか」と投げかけてくださっています。遥か遠い歴史を経て、現在を生きている私に届けられている南無阿弥陀仏から、我が身を問い、我が身の誕生を慶んでいく。この確かめこそが取りも直さず、宗祖の御誕生・立教開宗を慶ぶことになっていくのでしょう。

さまざまな価値観に翻弄され、本当に慶ぶべきことを慶びにくい現代にあって、慶讃法要を尊いご縁とし、また慶讃テーマに込められた願いをいただく中で、南無阿弥陀仏の呼びかけのもと、人と生まれたことの意味を、その尊さを共々に確かめ合い続ける、本書がその歩みの一助になることを念願しております。

最後になりましたが、本書の発行をご快諾いただきました楠信生氏に厚く御礼申し上げます。

二〇二一年三月

東本願寺出版

著者略歴

楠　信生（くすのき　しんしょう）

1949年、北海道生まれ。北海道教区第17組幸福寺前住職。大谷大学文学部仏教学科（インド学）卒業。元北海道教学研究所所長、元修練道場参事、元教化伝道研修第2期研修長を経て、2017年8月21日に真宗大谷派教学研究所所長就任。共著に『僧侶31人のぽけっと法話集』（東本願寺出版）。

南無阿弥陀仏《なむあみだぶつ》
人《ひと》と生《う》まれたことの意味《いみ》をたずねていこう

2021（令和3）年4月1日　第1刷発行

著　者　楠　信生
発行者　但馬　弘
発行所　東本願寺出版
（真宗大谷派宗務所出版部）
〒600-8505　京都市下京区烏丸通七条上る
TEL（075）371-9189（販売）
（075）371-5099（編集）
FAX（075）371-9211

表紙デザイン　有限会社ツールボックス
印刷・製本　株式会社京富士印刷

ISBN978-4-8341-0631-2　C0215